DK

きみにもできる!

よりよい世界(せかい)のつくりかた

ケイリー・スウィフト 文
リース・ジェフリーズ 絵
宮坂宏美 訳

あかつき

ほんとに世界を変えられるの？

世界を変える力は、ひとりひとりにある。
たしかに世界はとても広いし、すべての
問題を解決するのはむずかしいけれど、
小さな一歩をふみだせば、いつか
たくさんの人を動かせるかもしれない。
まずは、だれだろうと、どこにいようと、
自分に合ったやりかたで
変化を起こせることを
わすれないでほしい。

地球

地球には、動物を保護することや
汚染をふせぐことが必要だ。
第4章「環境を守る」を読んで、
よりよい地球にする
方法を学ぼう。

チラシやポスターは、
メッセージを広めて
くれる。

人類

より公平な世の中にしようとするのは、
すばらしいことだ。
第3章「わたしたち人類」を読んで、
積極的に活動しよう。

デモ行進は、抗議の
意思をしめす強力な
手段だ。

社会

社会はみんなのもの。その社会がどんなふうになるかは、みんながどう行動するかによって決まる。やさしくて、支えあえる、安全な社会にするのは、ひとりひとりの責任だ。

保護
野生動物は、すみかをうばわれたり、気候変動におびやかされたりしている。そういった動物の保護もだいじな活動だ。
自分
他の人を助ける前に、自分を助ける必要はない？第1章「自分をたいせつに」を読んで、心と体をきたえるヒントをためしてみよう。
声を上げることは、活動家への第一歩。
よりよい世界をつくる旅は、家族といっしょに家からはじまる。
学校での活動なら、先生が協力してくれる。
コミュニティ
だれもがどこかの一員だ。第2章「みんなのコミュニティ」を読んで、学校や地域や町をよりよい場所にしよう。

もくじ

DK | Penguin Random House

Printed and bound in China

For the curious
www.dk.com

きみにもできる！ よりよい世界のつくりかた
ケイリー・スウィフト 文　リース・ジェフリーズ 絵
宮坂宏美 訳

2021年3月30日　第1刷発行

発行所：廣済堂あかつき株式会社
〒176-0021　東京都練馬区貫井 4-1-11
電話 03-3825-9188（代表）FAX 03-3825-9187
http://www.kosaidoakatsuki.jp

日本語版デザイン：鳥井和昌　編集協力：細江幸世

ISBN978-4-86702-057-9　C8036　NDC360
96P　28.3 × 22.2 cm

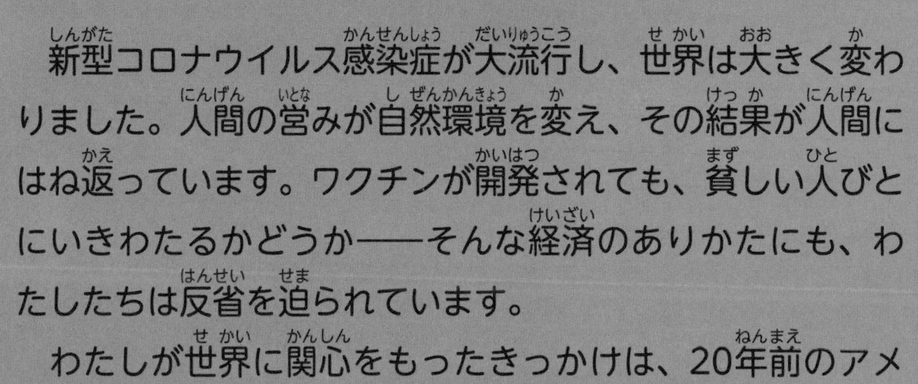

新型コロナウイルス感染症が大流行し、世界は大きく変わりました。人間の営みが自然環境を変え、その結果が人間にはね返っています。ワクチンが開発されても、貧しい人びとにいきわたるかどうか——そんな経済のありかたにも、わたしたちは反省を迫られています。

わたしが世界に関心をもったきっかけは、20年前のアメリカ同時多発テロ事件です。「これはおかしい」「もっとよい社会にしたい」と声を上げ、活動している人たちを応援しようと、『世界がもし100人の村だったら』を出しました。

自分にできることは、きっとあります。この本の中にも、ヒントがあるかもしれません。これからも、わたしもこつこつがんばりますから、みなさんも立ち上がってください。

世界はみなさんの力を必要としています。

池田香代子

翻訳家、社会活動家

第1章（だいしょう）

自分（じぶん）を たいせつに

気持ちを楽にすること、自分を信じること、そして心と体をたいせつにすることは、とても重要だ。
世界をいい方向に変えるには、まず自分とまわりの人にやさしくする必要がある。
この章では、どうしたらよりよい世界をつくる力が自分にわいてくるかを見ていこう。

未来への希望を書いてみよう。

もし願いがかなうなら？

もし願いがかなうとしたら、この世界になにを望む？
魔法は使えなくても、想像力を働かせれば、
みんなでよりよい世界へむかうことができるよ。

言論の自由
自分の意見を自由に
言える世の中がいい。
海をきれいに！
いつか世界中の海から
プラスチックが消えて、
海の生き物が
くらしやすくなりますように。
環境をよくしたい！
野原や森、道、川、
海岸がよごれないように、
ひとりひとりが責任を
もつ世の中にしたい。
明るい未来
楽しみや可能性が
いっぱいある、
明るい未来だと
いいなあ。
やさしい社会
みんながおたがいを思いやって、
仲間外れが起きないように
なってほしい。

元気でいるには

だれかの役に立つには、
まず自分が元気でいる必要がある。
心と体をきたえるいくつかの方法を
ためしてみよう。

体にいいものを食べる

体の健康を保つために、いろんな色の野菜や果物を毎日食べることをめざそう。
もちろん、たまに食べられない日があってもだいじょうぶ。だいじなのは、食べる日をなるべく多くすることだ。

スムージーを飲むか、
デザートに果物を
食べよう。

リラックスする

今この瞬間に見ているもの、聞いている音、においい、味などに集中して、心を落ちつかせよう。

頭からつま先まで
力をぬく。

深呼吸をする

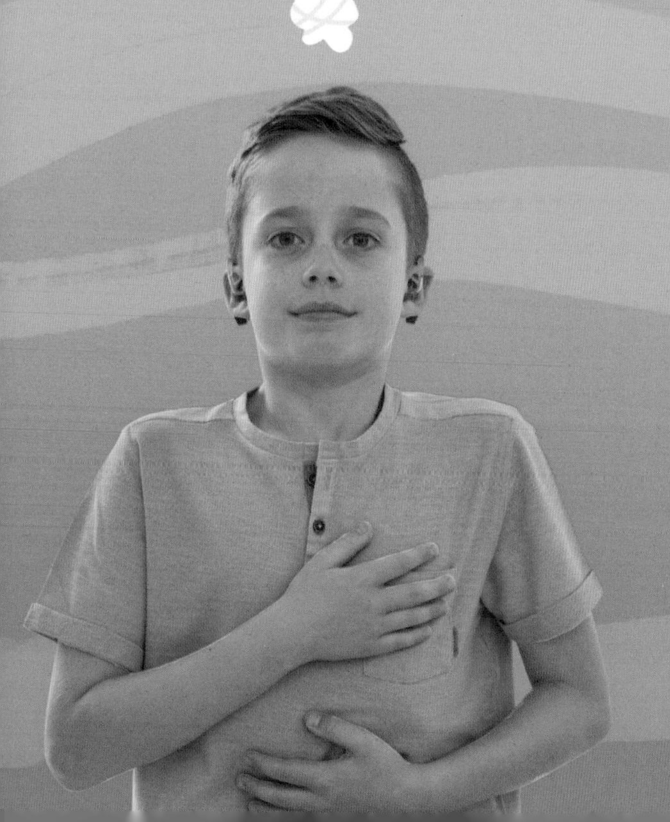

徒歩か自転車で通学する

運動する

運動すると、体がじょうぶになり、
力がわき、気分もよくなる。
あとは、サッカーチームに入る、
長距離を泳ぐ、
家族と散歩するなど、
自分が楽しめるものを
見つけるだけだ。

ゆったりした音楽を聞く

しっかり寝る

質のいい十分な睡眠は、健康に欠かせない。
子どもに必要な睡眠時間は、
約10時間。決まった時間にふとんに
入ることや、寝る前にくつろぐことも、
理想的な睡眠につながる。

ペットをなでる

やさしさ

小さな親切が、思いがけない大きな効果をもたらすこともある。

やさしさは、みんなの気持ちを明るくし、さらに多くのやさしさを生みだす。

やさしさのびん (Kindness Jar)

家族やクラスのみんなといっしょに「親切なおこない」を紙に書いて、たくさんびんに入れよう。なにか親切がしたくなったら、そこからとりだしてやってみよう。

招待の力

だれも仲間外れにならないようにしよう。クラスや地域に新しい子が来たときはなおさらだ。歓迎されるのはうれしいことだし、だれかをさそえば、きっと自分もさそってもらえる。

いつでもどこでも

チャンスがあれば、いつでもやさしくしよう。お年寄りの買い物を手伝ったり、赤ちゃんが落としたおもちゃをひろったり、チャンスはいくらでもある。

元気のない人をハグではげます。

だれかがいやがっている仕事をかわりにやる。

親戚や友だちに声をかける。

だれかの誕生日にケーキをつくる。

恩送り

だれかを助けたら、恩返しがしたいと言われるかもしれない。そのときは、かわりにべつの人に親切にする「恩送り」を提案してみよう。

だれかに今の気持ちを聞いてみる。

気分の上がり下がりを知る

自分の感情の強さに気づくことはだいじだ。

一日の中でも気分は
上がったり下がったりする。
自分がどんな気分なのかを
知るのはだいじなことだ。
きょうはどんな気分
だったかな？

こわい

こわい思いをすると、
呼吸も脈も
速くなって、
ふるえたり
汗をかいたりする。

悲しい

悲しい気持ちは
おさえきれない
ことがある。
なみだが出て、
胸が苦しくなり、
のどがつかえた
ように感じる。

うんざり

うんざりした気分を
「吐き気がする」と
表現することもある。

はずかしい

はずかしい
ことがあると、
顔が下をむき、
ほてって赤くなる。

ほこらしい

堂々と胸をはろう！
なにかを成しとげると、
ほこらしい気分に
なる。

たくさんの気分をいっぺんに味わうこともある。

感情の強さ

自分の感情の強さが1～10のどのレベルにあるかを考えよう。強すぎる感情は手に負えないことがあるけれど、感じること自体はしかたのないことだ。

弱い感情であっても、
まずは感情の種類を
見きわめよう。

感情はどんどん強くなる
ことがある。

強すぎる感情は
もてあますことがある。

1 2 3 4 5 6 7 8 9 10

感情の波を乗りきる

強い感情は、おそいかかる波のように感じることがある。そわそわと落ちつかなくなったり、胸が苦しくなったりと、体に影響が出ることも多い。うまくあつかう方法を身につけて、波を乗りきろう。

感情をみちびく

強い感情からぬけだす方法はいろいろある。いくつかためして、自分に合ったものを見つけよう。

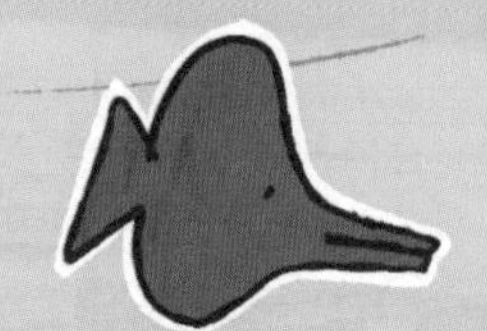

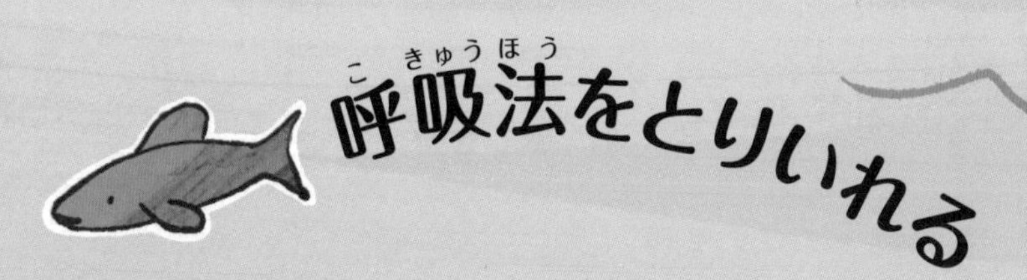

呼吸法をとりいれる

集中してなにかをつくる

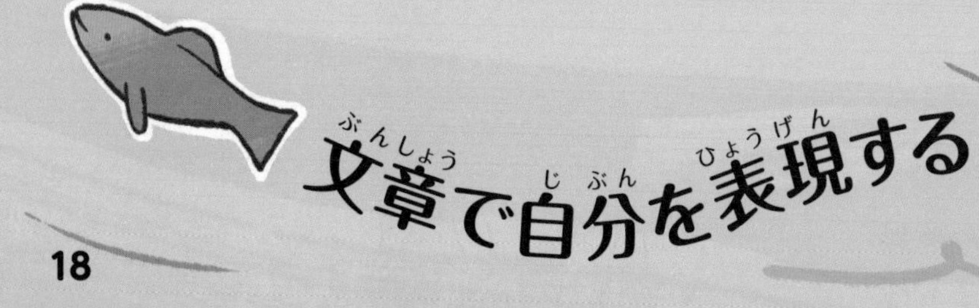

文章で自分を表現する

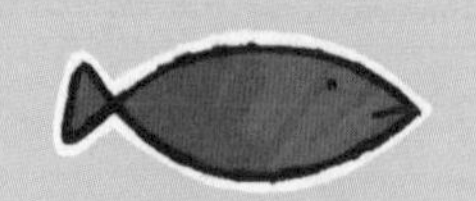

仲間とつながる
つらいときは、ひとりぼっちだと感じることがある。同じような経験をした人とつながることで、気持ちが楽になることも多い。
外を走る
信頼できる人に話す
助けを求める
音楽を聞く
つらくてどうしようもないときは、スクールカウンセラーか、信頼できる大人に相談しよう。

達成したい目標は、とても大きくて、
はるか遠いかもしれない。それでも、
ポジティブシンキング（前向きに考えること）で、
実現に近づくものだ。前向きな言葉をくりかえし、
きっとできると思えるようになろう。

シンキングの力
前向きな言葉を毎日くりかえそう。
日に日によくなっている。
達成したいことを自分に言いきかせよう。
わたしの目標と夢はこれだ。
ぼくの意見はだいじだ。
挑戦は成長につながる。
思いどおりにいかないことがあっても、前向きに考えつづけよう！
ベストをつくせば十分だ。
まちがってもだいじょうぶ。
ひとりで世界を変えることはできなくても、一石を投じてたくさんのさざ波を立てることはできます。
マザー・テレサ

自分のコラージュをつくる

もっと自分を知るために、好きな写真、言葉、アイディアなどを集めたコラージュをつくろう。なりたい自分が見えてくるかも。

好きなように

コルクボードにピン止めしても、スクラップブックにはりつけてもオーケー。自分の個性を出して、好きなようにコラージュをつくろう。

じまんの作品

自分でつくったじまんの作品の写真をはるのもおすすめ。詩、絵、コスチューム、ヘンテコなケーキとかね！

ペットや好きな動物

かわいがっているペットや、好きな動物トップ5、おもしろい生き物の写真もいいね。

趣味

自由な時間には、
なにをする？　ヨガ？
チームでスポーツ？
読書会に行く？
それものせておこう。

たいせつな人

両親、祖父母、それに、たまに
うんざりしちゃう兄弟姉妹の写真もはって、
たいせつな人たちのことを考えよう。

あこがれの人

あこがれの歌手や、バンド、作家、活動家、スポーツ選手はいる？　その人の写真を入れたり、その人の言葉をていねいに手書きするのもおすすめだよ。

未来の自分への手紙

自分が将来どんなふうになっているか、想像したことはある？　5年後や10年後を思いうかべ、そのときの自分にあてて手紙を書こう。今の自分のことや、生活のこと、学んだこと、期待していること、未来の自分へのアドバイスを入れよう。

反対意見に耳をかたむける

なにかを強く信じると、反対意見を
受けいれるのがむずかしくなる。けれど、
べつの視点から物事を考えるのはとてもたいせつだ。
それで自分の気持ちが変わらなかったとしても、
ちがう意見を聞く価値はある。

話を聞く

口をはさんだり自分の考えをおしつけたりせず、
相手の意見をしっかり聞こう。話を聞いていることが伝わるよう、
だいじな点にはあいづちを打とう。

自分の意見を言う

自分の番が来たら、こんなふうに言おう。「それもひとつの見かただけど、
賛成できない理由がちゃんとあって……」もし口をはさまれそうになったら、
最後まで聞いてと、ていねいにお願いしよう。

相手を尊重する

相手をけなしたり、否定的な言葉で意見をはねのけたりせず、その人なりの理由を理解しようと努めよう。相手の意見は個人的な経験から来ているのかもしれない。

個人攻撃をしない

賛成できないのは相手の一意見であることをわすれずに。その人自身に腹を立てたり、個人攻撃に走ったりするのはやめよう。

冷静さを保つ

なにかに情熱をかたむけているときは、冷静さを保つのがむずかしい。口げんかのようになってきたら、少し時間をおこう。

勝ち負けの問題にしない

最後まで意見がちがってもかまわない。おたがいの話を聞き、ちがう見かたも尊重することが、よりやさしい、理解しあえる世の中につながる。

第2章（だいしょう） みんなのコミュニティ

コミュニティ(共同体)は、人が集まるところに
生まれる。だから、学校や、地域や、だれかと
共有している特別ななにかを中心に
つくられることが多い。
この章では、どうすればコミュニティを通じて
よりよい世界がつくれるかを
見ていこう。

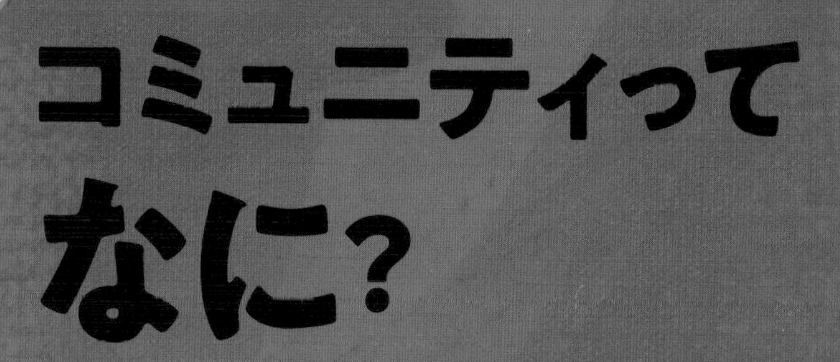

コミュニティってなに？

コミュニティとは、人の集まり。
たくさんの人が住んでいる大きな町も、数人でなにかを
共有している小さなグループもコミュニティだ。

クラブ活動

仲間といっしょに
好きなことができるのは
楽しいもの。
絵やスポーツなど、
趣味を共有できる
クラブ活動を見つけよう。

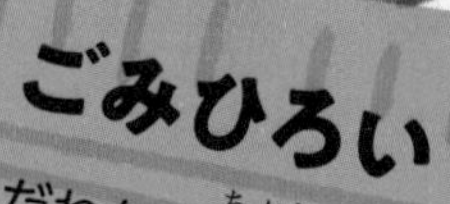

ごみひろい

だれもが地域のコミュニティの
一員だ。自分が住む地区
のごみひろいなど、参加
できる活動が地域に
ないかさがしてみよう。

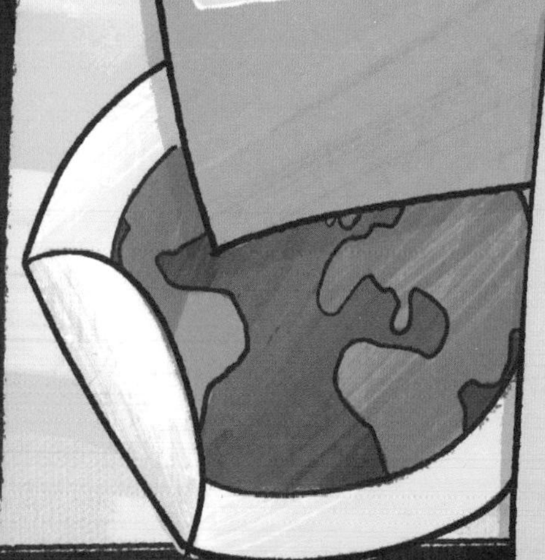

ヤングケアラー

若くして家族の世話や介護をになう「ヤングケアラー」は、孤独やストレスを感じていることが多い。同じ経験をもつ人たちが集まるサポートグループに参加してみよう。

ビフレンディング

世代をこえた友だちづくりも、すばらしいコミュニティを生みだす。

歴史の共有

多くの人にとって、文化や信仰を共有したり深めたりできる場所は、重要なコミュニティだ。礼拝所に集まる人もいれば、家庭内で一族の伝統を守りつづける人もいる。

自分だけ？

自分がなんにでも当てはまるということはありえない。コイン集めや昔の音楽や奇抜なファッションが好きなのは自分だけかもしれない。それでもクラブをはじめれば、同じように自分だけだと思っている子が見つかるかも！

みんなで遊ぼう

みんなで遊ぶことも、コミュニティづくりにつながる。遊びは、トランプでも、「ヘビとはしご」みたいなボードゲームでもいいよ。

いい友だちになるには

感謝を伝える

たまには手紙やおしゃべりで感謝の気持ちを伝えよう。

仲間外れにしない

仲間外れや集団攻撃をされる友だちが出ないように気を配ろう。こちらがたいせつに思えば、相手もきっとたいせつに思ってくれる。

深い友情があれば、
つらいことは乗りこえられるし、
楽しいことはより楽しくなる。
ここでは、どうすればおたがいに
いい友だちでいられるかを
考えよう。

ちがいを尊重する

文化、伝統、趣味、関心事など、その友だちにしかない特別なところをたたえよう。

話を聞いて支えあう

いい友だちは、つらいときに
そばにいるものだ。
いっしょに問題点を
話しあったり、気分転換に
遊んだりしよう。

できるかぎり手をかす

めんどうな仕事も、
友だちと分けあえば
早く終わる。その分、
遊ぶ時間がふえる。

うまくいかないとき

どんなにいい友だちとでも、
うまくいかないときがある。
また仲よくなるために、
ここにあるヒントをためしてみよう。
以前より友情が深まるかもしれない。

自分の気持ちを大人に話して、ちがう視点からの**意見**をもらう。

とことん**話**しあう。

根にもたないで**ゆるす。**

自分から**あやまる。**

なぜ自分や相手がそのような行動をしたのか、理由を**理解**しようと努める。

受けつがれたものをたいせつに

家やコミュニティに代々伝わるものは、大きな遺産だ。古くからの伝統や語りつがれた記憶を通じて、遺産をたいせつに分かちあおう。

地元のひみつ

地元にはどんな歴史がある？　おどろくような過去や、解決されていないなぞはない？　近所の図書館の司書さんがいっしょに調べてくれるかもしれないよ。

現在の横浜

1922年の横浜

それぞれの伝統

特別な日にお祝いをするなどの伝統は、その家の文化や信仰から来ている場合が多い。きみの家にも、自分たちの伝統があるかも?

メキシコの「死者の日」にかざられるドクロ

おいしい料理

お祝いで特別なものを食べるときや、
家族に昔から伝わるレシピで
料理をするときは、
同じ食事を楽しんでいた
祖先のことを想像してみよう。

民族音楽

スペインのフラメンコのギターから
日本の和太鼓まで、音楽や歌にも
その国の遺産が受けつがれている。

家族の歴史

おばあさんやおじいさんに
昔の体験を聞いてみよう。
写真を見せてくれるかもしれないし、
ラブストーリーや世界旅行など、
びっくりするような話を
聞かせてくれるかもしれない。

ウィメンズマーチ2017

たくさんの人が集まると、大きな注目を集めることができる。2017年に起きたウィメンズマーチは、政治に対するアメリカ最大の抗議活動になった。

ひとつの行動が…

…つぎにつながる

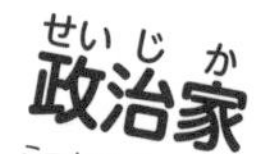

政治家

国会議員などの政治家は、地域の人々を代表して物事を決める。アレクサンドリア・オカシオ=コルテスも、地域の意見を政治にとどけようと、2018年にアメリカで最年少の下院議員になった。

小さな一歩

どんな大きな運動にもスタート地点がある。きみの小さな一歩が、だれかの変化を後おしするかもしれない。その人は、きみのメッセージをつぎにどこへとどけるだろう？

きみからの手紙が地元の政治家の意見を変え、地域をよくすることもある。

「変化を起こすのに、自分が小さすぎるということ

高校生のうったえ

ウィメンズマーチに背中をおされ、銃乱射事件が起きたアメリカのマージョリー・ストーンマン・ダグラス高校の生徒たちが、銃規制をうったえる大規模な抗議活動をおこなった。

グレタのすわりこみ

スウェーデンのグレタ・トゥーンベリが、マージョリー・ストーンマン・ダグラス高校の活動を知り、15歳だった2018年に、気候変動対策をうったえるすわりこみをはじめた。

気候ストライキ

グレタのよびかけで、100万人をこえる世界中の若者たちが、2019年9月20日の気候ストライキに参加した。

いつか仲間がふえて…

…変化を起こせるかも

#トレンド

SNSには広める力がある。はじめるときは、信頼できる大人に相談しよう。

歴史の本に出てくる偉人にだって、スタート地点はある。あなたの小さな一歩も、いつか大きな変化につながるかも。

はない！—グレタ・トゥーンベリ

ボランティア

海岸や公園をきれいにすることは、
自分や地域にとって大きな利益になる。
かんたんな方法で劇的な効果も得られるし、楽しい外出にもなる。
近くの清掃活動を調べるか、
大人に活動を企画する手伝いをしてもらおう。

ポイ捨て
むやみに捨てられた
ごみのひとつひとつが、
汚染問題につながる。

プラスチック問題
プラスチックは動物に
とって危険だ。
のどにつまったり、
体にからまったり
することがある。

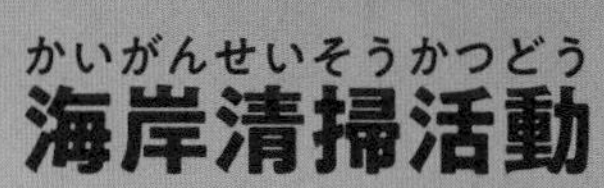

海岸清掃活動

海岸のごみは、清掃活動に多くの
ボランティアが集まると、
よりたくさんかたづけることができる。
そのちがいはおどろくほどだ。

幸せな時間

ボランティアをすれば、
活動も、外出も、
友だちづくりもできる。
幸せな気分になれることも
証明されている。

**責任者の指示にしたがって、
安全に海岸清掃をおこなおう。**

いじめをなくす

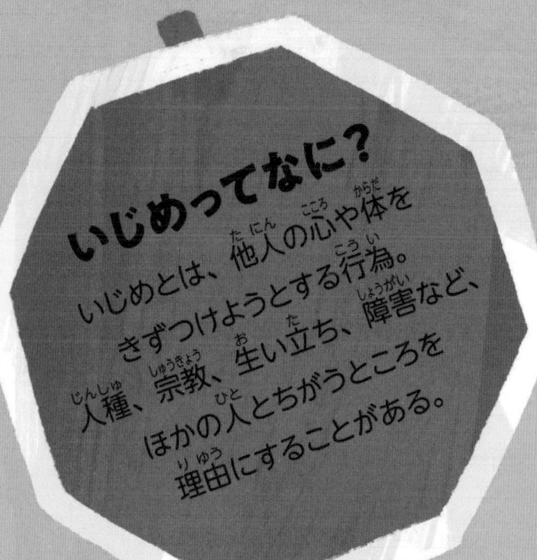

いじめを受けたら、ひとりでなやまないで。

ネットいじめ

インターネット上で
だれかを悪く言ったり、
おどしたり、こまらせたり
することを「ネットいじめ」
という。本名で書かれて
いない場合、だれが
そのメッセージを
発信したのか
わからない。

信頼の輪をつくる

いじめを受けると、孤独や、
不安、悲しみにおそわれる。
友だちがいたり、話を聞いて
もらえたりするだけで、
まったくちがう。

暴力

いじめは、なぐる、ける、転ばせる、
持ち物をぬすむといった、
物理的な暴力の形を
とることがある。

見て見ぬふりをしないで、
いじめをなくす努力をしよう。
正しいことをすれば、後悔はないはず。

いじめは多くの人に影響をあたえ、
心を深くきずつける。いじめをなくすのは
不可能に思えるかもしれないけれど、
みんなと協力すれば可能だ。

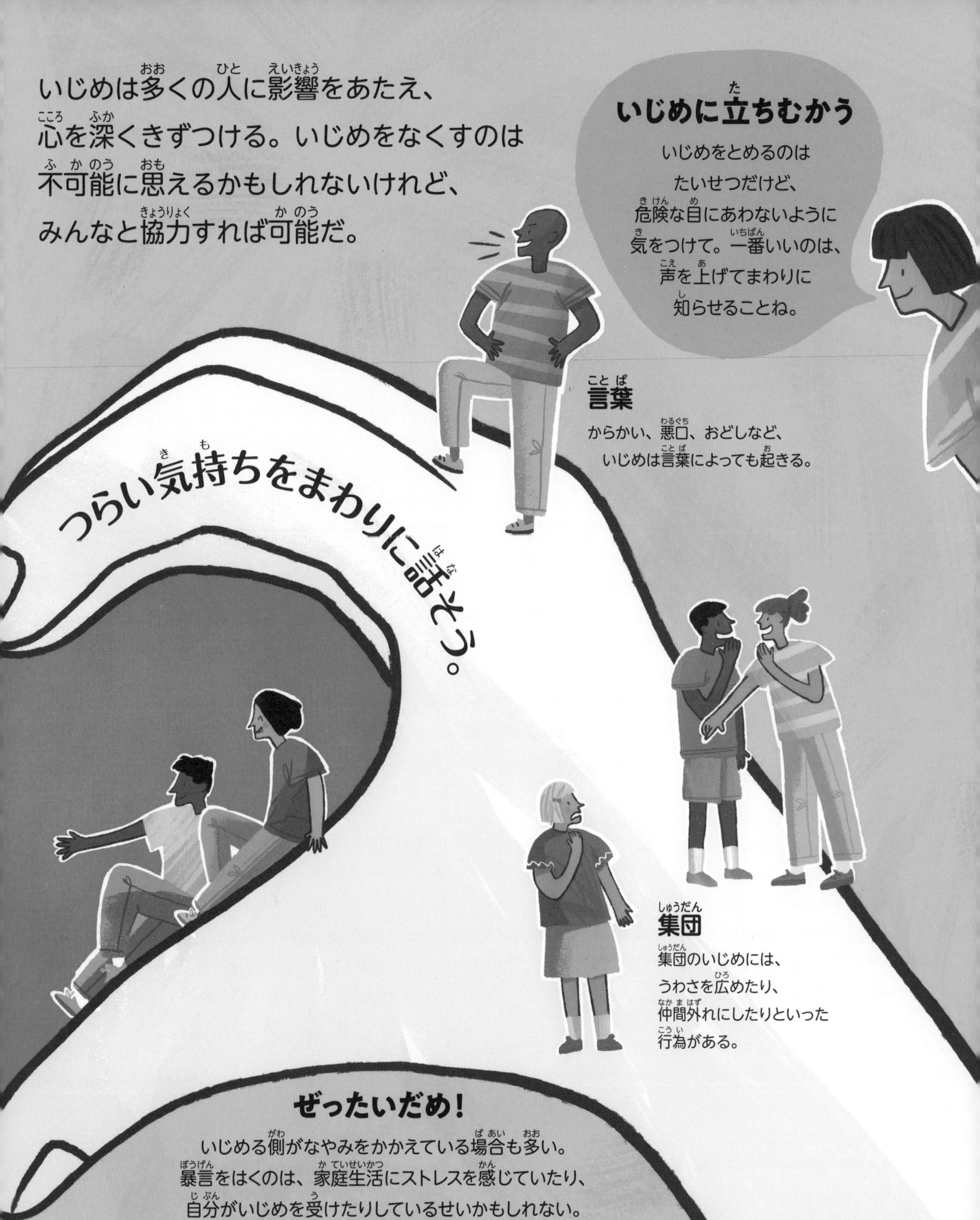

いじめに立ちむかう

いじめをとめるのは
たいせつだけど、
危険な目にあわないように
気をつけて。一番いいのは、
声を上げてまわりに
知らせることね。

言葉

からかい、悪口、おどしなど、
いじめは言葉によっても起きる。

つらい気持ちをまわりに話そう。

集団

集団のいじめには、
うわさを広めたり、
仲間外れにしたりといった
行為がある。

ぜったいだめ！

いじめる側がなやみをかかえている場合も多い。
暴言をはくのは、家庭生活にストレスを感じていたり、
自分がいじめを受けたりしているせいかもしれない。
それでも、いじめはぜったいになくすべきだ。

影響をあたえる若者たち

教育を受ける権利

「ひとりの子ども、ひとりの教師、
1冊の本、そして1本のペンで、
世界は変えられます。
教育こそが唯一の解決策です」
—マララ（2013年、国連ユース集会）

グレタ・トゥーンベリ

スウェーデンのグレタ・トゥーンベリは、世界中に「気候のための学校ストライキ」を広めた。自身のアスペルガー症候群のおかげで、気候危機を強く実感できたと考えている。

マララ・ユスフザイ

パキスタン出身のマララは、すべての人が教育を受けられるように活動している。女の子が学校に行くことに反対する人物から銃撃されたものの、一命をとりとめ、ノーベル平和賞の最年少受賞者になった。

気候変動をとめよう

「行動するのに、
まだおそすぎることはありません。
必要なのは将来にわたる展望です。
必要なのは勇気です」
—グレタ（2019年、欧州議会）

どんなに若くても、よりよい世界への
道を切りひらくことはできる。
自分の主張をうったえ、ほかの人たちにも
行動を起こさせたことで有名になった、
若き活動家たちを紹介しよう。

ミリー・ボビー・ブラウン

アメリカなどで活躍する人気俳優のミリーは、自分の名声を活動に生かすことにした。最年少のユニセフ親善大使として、世界中の子どもたちの権利に光を当てることをめざしている。

ちがうって、すばらしい

シュイラー・バイラー

アメリカのシュイラーは、大学のトップレベルの水泳選手の中ではじめてトランスジェンダー(生まれながらの性別に違和感をもつ人)であることを公言した。女性の体で生まれたが、今は男性として生活。その活動や水泳の実績に対して数々の賞を受賞している。

ニッキー・クリストウ

イギリスのニッキーは、外見に影響をあたえるAVM(動静脈奇形)という難病をかかえて生まれた。ニッキー・リリーという名前でビデオブログをはじめ、顔の変形について知ってもらうことや、ちがいをみとめることのたいせつさをうったえている。

コミュニティのミニ図書館

自由に利用できるミニ図書館があれば、コミュニティのきずなを深めることができる。本をもらったり、寄付したり、みんなと共有したりできる図書館をつくろう。

だれでも読める

本を読めば、ふしぎな冒険をすることも、役に立つ情報を得ることも可能だ。家に本がなくても、図書館にあればだれでも読める。

ミニ図書館は、学校図書館のような形じゃなくていい。好きなようにつくってみよう。

自由に

本をもらっていくだけの人がいても、気にしないこと。全員が使いかたを理解してくれるとはかぎらないし、すばらしい図書館であることに変わりはない。

わかりやすい看板をつければ、ミニ図書館の使いかたがみんなにわかる。

あとにつづく

ミニ図書館は、近所のだれかがよりよいコミュニティをつくろうとしていることをしめしてくれる。それを知っただれかが、自分もなにかやってみようと思うかもしれない。

図書館はみんなが見つけやすい場所につくろう。たくさんの人と本を分かちあいたいよね。

管理する

管理のいきとどいた図書館は、気持ちよく利用してもらえる。雨もりなどがないか、きちんとたしかめよう。ぬれたり、かびが生えたりした本は、リサイクルに出して、新しいものにとりかえよう。

みんなの前で話す

原稿のつくりかた

原稿をつくるときは、ポイントを2つか3つにしぼり、みんなが強い関心をもつ事実を入れ、自分が話しやすい言葉づかいにしよう。

歴史をふりかえると、偉大な活動家たちは、心をゆさぶる演説で人々に行動を起こさせている。とはいえ、人前で話すのは、とくに最初はきんちょうするかもしれない。ここでいくつか役立つヒントを紹介しよう。

どこで聞いてもらう?

まずは、クラブの討論会や授業の発表会を利用して、人前で話す練習をしよう。

堂々と話す

友だちの前で練習したり、
動画をとってたしかめたりするのもいい。
聞いてくれる人たちをまっすぐ見て、
はっきり話そう。深呼吸をすると
落ちつくよ。

すばらしい演説をした偉人たち

ネルソン・マンデラ

マンデラは、政治的な主張を理由に1964年に刑務所に送られたときも、力強い演説をおこなった。

エレノア・ローズベルト

1948年の「人権を得るためのたたかい」など、エレノアの見事な演説は、世界人権宣言を実現へみちびいた。

エイブラハム・リンカン

リンカンによる1863年の「ゲティスバーグの演説」は、短いながらもアメリカの自由で民主的なイメージをつくりあげた。

第3章 わたしたち人類

よりよい世界をつくるには、みんなが平等でなければならない。自分がどう行動するべきか、なにをするべきかをきちんと考える必要もある。

この章では、行動のしかたを学び、どうすればわたしたち人類にとってよりよい、より公平な世界をつくれるかを見ていこう。

活動家

情報を集める

本を読む、ニュースを追う、
インターネットを見る、
ちがう角度から
考えるといったことを通じて、
まずは全体像をつかもう。

得意なことを生かす

活動にはいろいろな形がある。
音楽をつくる、
プラカードをデザインする、
詩を書くなど、自分が
楽しめることをやってみよう。

仲間をつくる

考えやアイディアをだれかと
共有するのもおすすめだ。
自分に合うグループをさがすか、
同じ情熱をもつ仲間と
グループをつくろう。

「思うに、わたしたちは、生きて、成長し、
すべての人が自由を楽しめる、よりよい世の中に
しようと努めるために、この地球上に存在するのです」

—ローザ・パークス(1913〜2005)
アメリカの公民権運動家

声を上げる

自分の主張を広めるのに、
必ずしも大がかりなことを
する必要はない。まずは
声を上げて、印象に残して
もらえるようにしよう。

になるには

よりよい世界をつくるために
本格的な活動をはじめたい?
だったら、こんなことからやってみよう。

やりたい活動を見つける

いろんな活動がありすぎて、どれにしたらいいかわからない！ そんなときは、ここにある質問にこたえて、自分に一番合いそうなものを見つけよう。

1 将来の夢は？

A 獣医
B 教師か医師
C 作家か芸術家
D 科学者

2 飼ってみたいペットは？

A 馬
B 犬
C サボテン（!?）
D 動物は野生のほうが好き

3 一番やめてもいいと思うものは？

A 肉と魚を食べる
B 学校まで車で送ってもらう
C 流行のかっこいいスニーカーをはく
D 飛行機に乗って旅行へ行く

4 ひとつだけみんなを変えられるとしたら？

A ベジタリアン（菜食主義者）にする
B ごみをごみ箱に捨てさせる
C ホームレスや難民の人たちを助ける
D プラスチックを使うのをやめさせる

5 自分の部屋にかざりたい写真は？

A 子犬
B 自分と友だち
C あこがれのスポーツ選手
D 宇宙から見た地球

6 どの時代にもどってみたい？

A 恐竜がいた時代
B 最初の人類が登場した時代
C 古代エジプト人がいた時代
D 宇宙飛行士が月面着陸をした時代

7

科学者に発明してほしいものは？

A 部屋でトラを飼うこともできる立体映像ペット
B 一瞬で行きたいところへ行ける瞬間移動装置
C いくらでも持ち物を入れられるリュック
D 空をとべるほうきかホバーボード

8

一番たいせつだと思う権利は？

A 遊ぶ権利
B 意見を言う権利
C 友だちを選ぶ権利
D 健康的な食べ物ときれいな水を手に入れる権利

9

好きな教科は？

A 科学
B 芸術
C 歴史
D 地理

10

長い休みがあったら？

A アフリカで野生動物を見たい
B ニューヨークやシンガポールのようなにぎやかなところへ行きたい
C 行ったことのない場所で友だちをつくりたい
D オーストラリアのサンゴ礁保護ツアーに参加したい

Aが多い人

アリクイからシマウマまで、どんな動物も大好きなきみには、**動物愛護活動家**がおすすめ。

Bが多い人

社交的で、好奇心が強く、いつもみんなのために地域をよくしようとするきみは、きっと**地域社会活動家**になれる。

Cが多い人

人類に影響をあたえる大きな問題に深い関心があるきみは、**人権活動家**にむいていそう。

Dが多い人

地球を守ることや気候変動問題にとりくむことのたいせつさを理解しているきみには、**環境活動家**がぴったり。

ポスターの力

わかりやすいチラシや、人目をひくプラカード、
力強いポスターは、主張を広めるのにおおいに役立つ。
ここで紹介するヒントを参考に、
自分らしい活動グッズをつくってみよう。

目立つ色や大きな字で
はっきりかこう。

このプラカードのように、
目をひくスローガンや絵を入れよう。
だじゃれを使うのもおすすめだ。

代わりの地球は
ありません！
THERE IS NO
PLANET B

プラカード
主張などを書いてかかげるプラカードは、抗議活動の中でもよく目立ち、新聞にとりあげられることも多い。

プラカードをつくろう！

火曜　午後4時から

市役所にて

だれでも歓迎！

字や文法がまちがっていないかたしかめよう。せっかくのメッセージがべつの意味で注目されないように！

ポスター

みんなが見る場所にはって、イベントなどのお知らせをするポスターは、時間や場所などの必要な情報をきちんと入れることがだいじだ。

チラシ（フライヤー）

ポスターより小さいチラシは、手わたししたり、ポストに入れたりできる。配るのに時間がかかるけれど、たくさんの人にとどけられる。

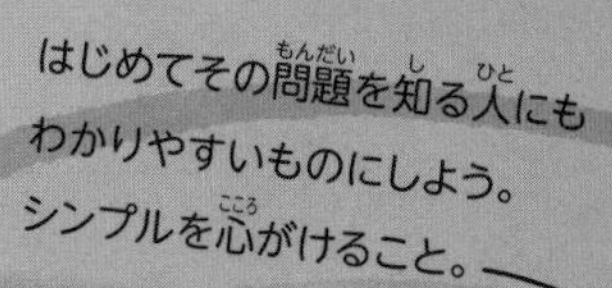

はじめてその問題を知る人にもわかりやすいものにしよう。シンプルを心がけること。

NO！ プラスチック集会

パーク学校の校門前
6月1日　午後6時から

地球の環境を守りたい。海がプラスチックだらけにならないか心配。だったら、使い捨てプラスチックをなくすための抗議集会に参加しよう。

権利を守る

1989年、世界中のすべての子どもの権利を定めた「子どもの権利条約（児童の権利に関する条約）」が国際連合（国連）で採択された。

子どもの権利

すべての子どもが権利を守ってもらえる状況にあるとはかぎらない。それでも政府や親には子どもを保護する責任がある。

きみには安全な場所で生活する権利がある。

きみにはきちんと食べる権利がある。

きみには学校へ行く権利がある。

きみには暴力や不当なあつかいを受けない権利がある。

きみにはプライバシーを保つ権利がある。

長所をのばす

「子どもの権利条約」には、子どもが自分の才能や能力をのばし、他者を尊重し、環境を守ることをすすめている箇所がある。

ぼくには情報を得る権利がある。

わたしには遊ぶ権利がある！

ぼくには意見を言う権利がある。

わたしには名前をもつ権利がある。

だれにでも友だちを選ぶ権利がある。

差別って

差別とは

その人のあるがままのすがたを否定し、
不当なあつかいをすることを差別という。
人種、宗教、性別、性同一性、年齢、
性的指向、障害、身体的なちがいなどを
理由にすることが多い。

なぜ差別は起こる？

無意識にしてしまうこともある差別は、
相手をおとしめて、
自分が優位に立ちたいという気持ちから起こる。
一種のいじめともいえる。

いろんな形

差別は、はっきり目にみえる
いじめのこともあれば、
わかりづらい、いやがらせのこともある。

他人をばかにしたり見下したりする権利は
だれにもない。差別はいろんな形で現れるため、
本質を理解することがたいせつだ。

へるもの、ふえるもの

差別のない世界では、にくしみや、
せまい心や、不公平がへり、
幸せや、受けいれる心や、
平等がふえる。

偏見

事実にもとづかない、
否定的でかたよった見かたを偏見という。
自分とはちがう人種だというだけで
劣っていると見なすことも
そのひとつだ。

固定観念

「若者はみんななまけ者だ」など、
集団の全員を同じと
見なしてひとまとめにするような
考えを固定観念という。

理解不足

多様性の理解が
すすんでいない人は、
自分とちがう人をこわいと
思うかもしれない。

思いこみ

思いこみは、気づかないうちに
固定観念によってひきおこされる。
若者はなまけ者だと考える人は、
若者には重要なことはまかせられないと
思いこむかもしれない。

なに？

バリア

障害のある人は、
バリアフリーではない場所で
不公平にあつかわれることがある。
たとえば、階段しかない建物は、
車いすに乗る人にはのぼれない。

差別をなくすために全力をつくし、
みんなにとって公平な社会にしよう。

大きな声で！

音楽には、感情を表現するだけでなく、
社会問題をとりいれてメッセージを広める力もある。
ここでは、変化を求めて声を上げてきた
ミュージシャンたちを紹介しよう。

サム・クック

ソウル歌手で活動家のサム・クックが1964年に発表した『ア・チェンジ・イズ・ゴナ・カム』には、人種差別が終わることを願う当時のアメリカの人々の気持ちがこめられている。

レディー・ガガ

ガガは、自身の名声を生かして社会問題、とくに平等をうったえている。2011年の大ヒット曲『ボーン・ディス・ウェイ』も平等がテーマのひとつになっている。

ニーナ・シモン

正義を愛するパワフルな歌手のシモンは、1960年代のアメリカの公民権運動に積極的にかかわった。1970年には運動の応援歌となる『トゥー・ビー・ヤング・ギフティッド・アンド・ブラック』を発表した。

ボブ・マーリー

ジャマイカのレゲエ歌手、マーリーは、明るい曲で人権をうったえた。1975年にヒットした『ゲット・アップ、スタンド・アップ』のような曲は、世界中のしいたげられた人やまずしい人の思いを伝えている。

キャンペーン
目標にむかって集中的に活動することをキャンペーンという。キャンペーンを成功させるには、しっかり計画を立てることがだいじだ。
よーい…
目標を決める
キャンペーンで達成したい目標を書いてみよう。
意識を高める
みんなの行動を変える
法律やルールを変える
募金用のお金をためる
調べる
キャンペーンに必要なことをできるだけ調べよう。
たくさんの人の意見を聞く
事実をしっかりたしかめる
同じようなキャンペーンの成功例を参考にする
関係のあるニュースを読む
方法を選ぶ
目標を達成するのに一番いい方法は？
ポスターをはって、チラシをくばる
地元の新聞にキャンペーンをとりあげてもらう
どうすれば学校で目標を達成できるか校長先生に相談する
署名を集める

どん！
変化には
時間がかかる
発進！
キャンペーンをはじめるのは
わくわくするけれど、すぐに
うまくいかなくても落ちこまない
ようにしよう。
計画どおりに
いかないものから
学ぶこともたいせつだ
もりあげる
うまくいっているものと、
いっていないものは？
計画をとちゅうで変えてもいい。
成功
少しでも達成できた
自分をほめよう。
可能性は無限だ！
マーリー・ディアス
学校で読む本の主人公が白人の男の子ばかりだと気づいたディアスは、黒人の女の子が主人公の本を1,000冊集めるキャンペーンをはじめ、9,000冊集めた！
ヤマアラシを救え！
ヤマアラシが車にひかれるのをとめたいと思ったアーメットとイズメイルは、目立つ色の看板をつくって、ヤマアラシの事故死を6割へらした。
WWF
WWF-Türkiye

お金をためる

お金をためて募金をすることは、慈善団体を支える大きな力になる。慈善団体は、自然災害の被災者を助けたり、病院へ物資を寄付したりするのに、つねに支援を必要としている。

小銭の力

びんや貯金箱に小銭をためるだけで、びっくりするほどの金額になる。お店でもらったおつりの小銭や、おこづかいの一部をためてみよう。

チャリティーショップ
不要になったものをチャリティーショップに寄付して、売れたお金を活用してもらおう。
ネットのフリーマーケット
親にたのんで、古いおもちゃやゲームをインターネットで売ってもらい、かせいだお金を寄付する手もあるよ。
イベント開催
なにかイベントをひらいて、会場で募金をつのるのはどう？ハロウィーンでミニ仮装大会をするのもいいかも。
2440
洗車の手伝い
車を洗って、おこづかいをもらうのもいいね。バケツと洗剤とスポンジさえあればオーケー！
携帯機器の寄付
携帯電話やタブレットは、古くても、こわれていても、慈善団体がリサイクルしてお金に変えられる。
スポーツに参加
寄付につながるチャリティーマラソンや水泳大会に参加しよう。
お菓子づくり
友だちとお菓子をつくって、バザーで売るのもおすすめ。一番おいしいカップケーキをつくれるのはだれかな？
12
3
6
9

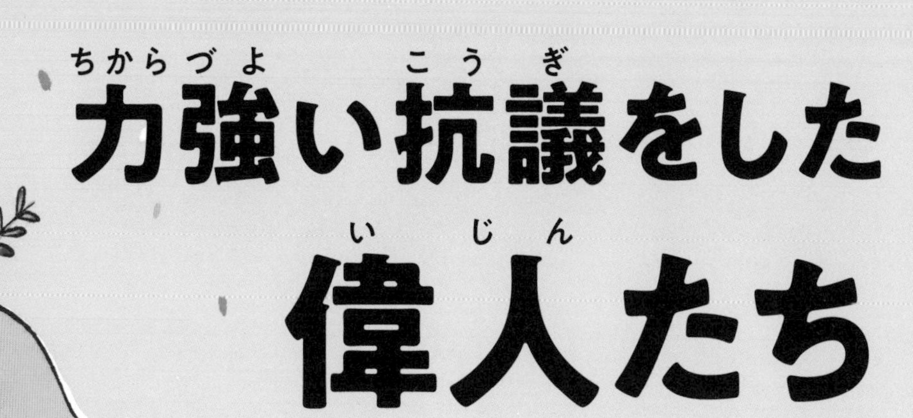

力強い抗議をした偉人たち

行動を起こす

行動は、ときに言葉よりも多くを語る。話すこともだいじだけれど、行動で信念をしめすことも必要だ。

まず自分から

他人を批判する前に、自分の行動を見直そう。犠牲をはらってまで信念をつらぬくのはむずかしいかもしれないけれど、やってみる価値はある。

エメリン・パンクハースト

イギリスのパンクハーストは、女性参政権論者の仲間と共に、一種の抗議として法をやぶった。器物破損や行進をつづけ、本人も逮捕されたが、1928年、ついに選挙権の男女平等を勝ちとった。

マハトマ・ガンディー

ガンディーは平和的な抗議の達人だった。1930年にはインド国内を数百キロも歩く行進をおこない、世界的な注目をあびた。そしてついに、インドをイギリスからの独立へみちびいた。

活動家たちの長い歴史をふりかえると、そこには力強い抗議をした偉大な人々がいる。ここでは、過去の有名人たちが変化を起こすためにどんな抗議をしたかを見ていこう。

夢は大きく

変化を起こそうというとき、なによりたいせつなのは想像力だ。まずは、どんな世界になってほしいか、夢をえがこう。

キング牧師

（マーティン・ルーサー・キング・ジュニア）

キング牧師は、アメリカの公民権運動で、力強い演説をおこなった。魔法のような言葉を使い、人種差別的な法律や行動がなくなれば世界はよりよくなると人々に気づかせた。

スポーツでの抗議

ブラック・パワー・サリュート

1968年のメキシコシティオリンピック男子200m走で1位と3位になったアフリカ系アメリカ人のトミー・スミスとジョン・カーロスは、黒人差別に抗議し、表彰式で黒い手袋をつけたこぶしをかかげた。

アボリジニの旗

オーストラリア先住民のアボリジニであるキャシー・フリーマンは、2000年のオリンピックでアボリジニの旗（写真中央）をかかげ、祖国の伝統をたたえた。

片ひざをつく

アメフト選手のコリン・キャパニック（写真中央）は、2016年、国歌斉唱のときに片ひざをつき、アメリカの警察による人種差別に抗議した。

デモ行進に参加する

主張を強くうったえる方法のひとつに、デモ行進がある。
デモ行進は、問題への注目度を高め、
法律や歴史を変えることに役立つ。

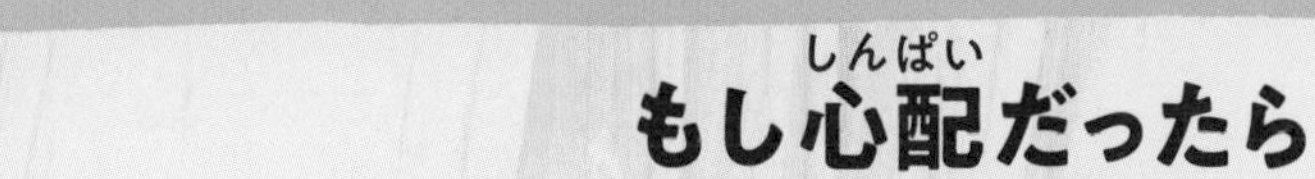

もし心配だったら

デモ行進では、人数の多さに圧倒されることがある。
冷静さと安全を保つために、事前にしっかり準備しよう。

はぐれたときにどうするかを考えておこう。

事前にスケジュールや予定ルートをチェックしよう。ウェブサイトや地元の新聞にのっているよ。

同じグループのみんなの連絡先を持っておこう。

休みたくなったら、えんりょなくグループのメンバーに言おう。

集合と解散の場所をきちんと決めておこう。

フェイクニュースに気をつける

フェイクニュースは、つくり話や大げさな話でたくさんの人をだます。情報があふれている今、信用できるニュースを見きわめるのはたいへんだ。ここでは、気をつけるべきポイントを見ていこう。

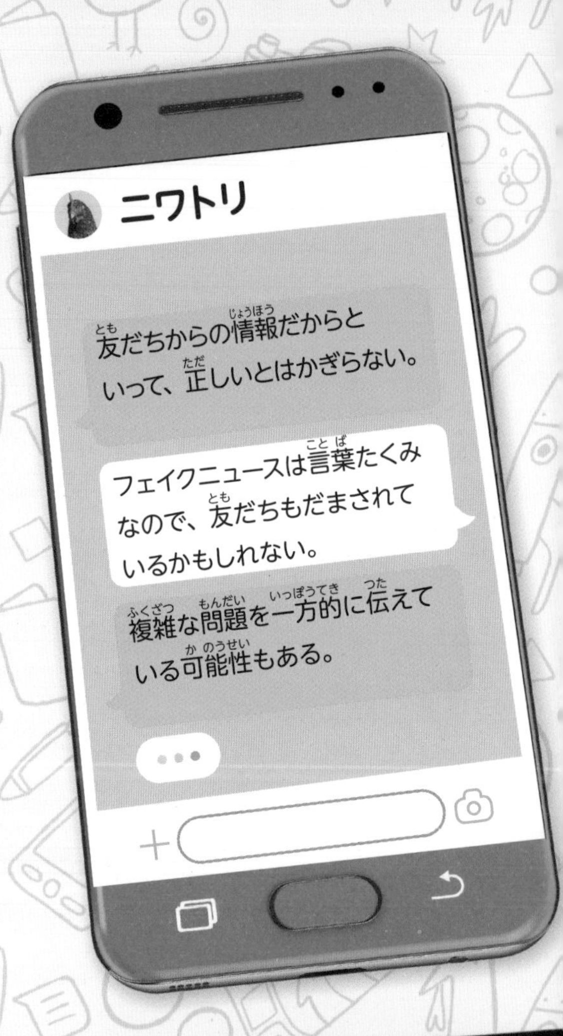

ニュースの送信元はよく知られるたしかなところか、記事を書いているのはプロのジャーナリストか、しっかりたしかめよう。このニュースサイトは信用できるかな？

https://chickenoverlord.com/birdeatbird

ニワトリがレストランをオープン

冗談(ジョーク)に気をつける

みんなを笑わせるため、あるいはびっくりさせるために、冗談でニュースを流すこともある。ほんもののニュースのように見えるので、プロのジャーナリストもうっかり信じることがあるくらいだ。気をつけよう！

ザ・デイリー・ニュース

ニワトリが月に着陸

見出しは誤解をさそうことがある…

新聞や雑誌を買わせるため、またはウェブサイトのアクセス数をかせぐために、わざと衝撃的な見出しをつけることがある。中身を読むと、裏づけがなかったり、見出しとは関係のない話がつづいていたりする。

……写真にもだまされる

今は写真を加工して、現実にはありえないシーンを見せることができる。ネットにある画質の悪い写真は、とくににせものかどうかの判断がむずかしい。

同じ内容のニュースを複数の発信元から得て、信用できる写真を見つけよう。

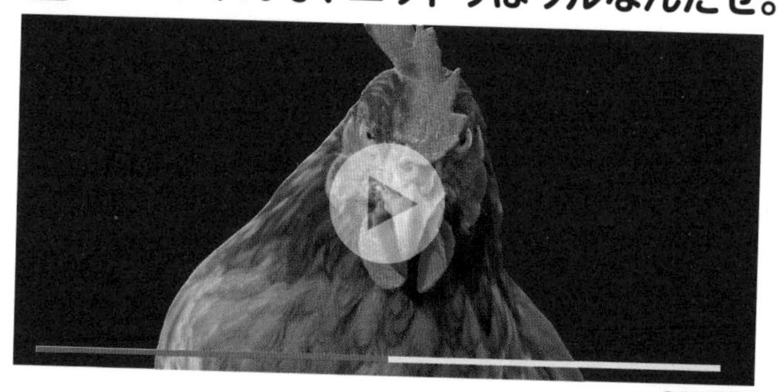

「ファクトチェック」とは、じっさいに目撃した人の話を聞くなど、たしかな情報をもとにファクト（事実）かどうかをたしかめることだ。YouTubeは基本的にファクトチェックがなく、なんでも発信できてしまう。とてもおもしろいサービスだけれど、あやふやな情報に流されず、自分の頭でしっかり考えよう。

第4章 環境を守る

環境を守ることは、
地球の未来にとってとてもだいじだ。
この章では、地球上のすべての生き物にとって
よりよい世界をつくるために、
動物保護から気候変動対策まで、
自分になにができるかを見ていこう。

環境活動家になるには

もし環境を守ることがしたくて、
自分にできる活動をさがしているなら、
やれることはたくさんある。

「父さんに教わったのは、
ぼくたちには祖先と同じように
地球を守る責任があるということ。
世界は若者の力を見ている」
―シューテズカット・マルティネス
（アメリカの環境活動家、2018年）
運動に参加する
最新の情報や運動を知るために、
全国的または世界的な団体に
参加することも考えよう。
くじけない！
どんな一歩も
むだではないことを
わすれずに。

動物保護

自分で声を上げられない動物たちは、
つねにみんなの助けを必要としている。
どんな行動をすれば動物を
守れるか考えよう。

動物実験について調べる

動物実験がおこなわれていない商品をなるべく買おう。化粧品をつくるのに動物実験をおこなうことは多くの国で禁止されている。

野生動物を尊重する

自然の中に入るときは、楽しい旅行中であっても、野生動物のじゃまをしないように気をつけよう。

植物を植える

小さくても自然の場所をつくろう。花や木を植えれば、野生の鳥やチョウやハチが来てくれる。

1
最高の飼い主になる
ペットを飼うには、まず必要なことを調べるのがたいせつだ。ペットに幸せで健康的な生活を送ってもらえるようにしよう。
有機農法の食品をとりいれる
有機農法の農場で育つ動物は、自然のものを食べ、ゆったりした場所ですごしていることが多い。できるだけ有機農法の肉や卵を買おう。
パーム油を見なおす
パーム油の原料のアブラヤシは、巨大な農園で育つ。農園をつくるのに熱帯雨林を切りひらくため、オランウータンの住む場所がなくなる。パーム油を使わない商品をなるべく買おう。

たくさんの動物を食用として飼育することは、
環境を悪化させ、気候変動を進めることにつながる。
野菜だけ食べる日をもうける、動物性の食品を
とるのをできるだけやめるなど、肉を野菜に
かえることは大きな変化をもたらす。

ブーッ!

牛のおならやゲップは、
畜産業が出す
温室効果ガス(二酸化炭素や
メタンガス)の65%を
占めている。

ゲップ!

牛が出すメタンガスのほとんどは
ゲップによるもので、90秒ごとに
10億頭以上の牛がゲップする。

多すぎる牛

牛は、肉、ミルク、チーズから革までを人間に供給している。
ふんでさえ、畑の肥料に使われることがある。
そういったものをたくさん求めることが、
熱帯雨林を切りひらいて
巨大な農場をつくることにつながっている。

食物エネルギー

牛やブタなどの家畜は、野菜や穀物を育てるよりはるかに多くのエネルギーと水を必要とし、土地もたくさん使用する。けれど、そのわりには、人間が食料からとるエネルギーの18％にしかならない。肉以外の食べ物は、基本的に環境へのダメージが少ない。

ナッツ

ナッツを育てるときに出す温室効果ガスは、同量の牛肉をつくる場合の1％にすぎない。

養殖魚

サケのような魚を養殖するときに出す温室効果ガスは、牛肉の場合の17％にすぎない。

レンズ豆

レンズ豆は、ほぼガスを出さないだけでなく、タンパク質が多いので肉のかわりになる。

いろんな色のものを食べる

ちがう色の野菜にはちがう種類のビタミンがふくまれている。なるべくいろんな色の野菜を食べよう。

ビーガン

ミルクや卵もふくめて動物性のものをいっさい食べない人をビーガンという。

グリーンなくらし

世界の人口の半分以上は都市に住み、その数はふえつづけている。都市、町、いなか、どこに住んでいようと、できるだけ環境にやさしい健康的なくらしをすることがたいせつだ。

上から下まで

植物におおわれた緑の屋根は、空気をきれいにするだけでなく、虫や鳥のすみかにもなる。

ソーラーパネルは、公害を出さない再生可能エネルギーを供給する。

屋上でミツバチを飼っているビルもある。

巣箱やえさ箱に鳥が来てくれるようになると、都市にいても、さえずりで自然を感じられる。

緑ゆたかでくらしやすい建物や地域は、人々をより幸せにすることが証明されている。

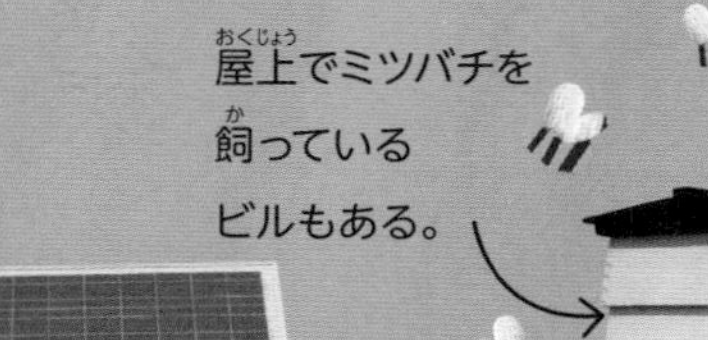
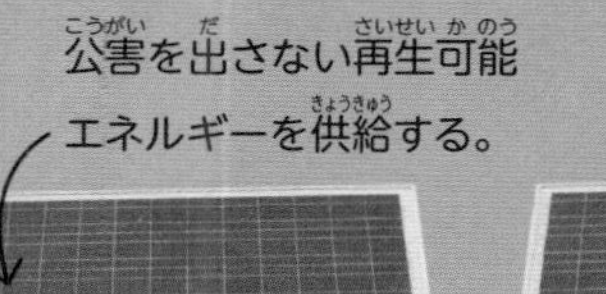
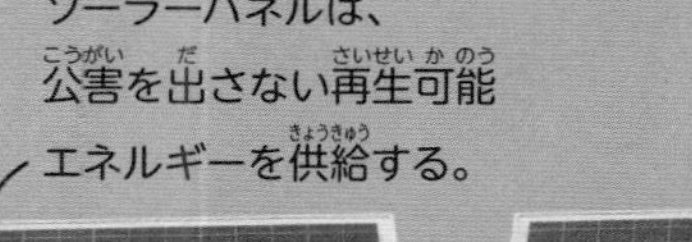

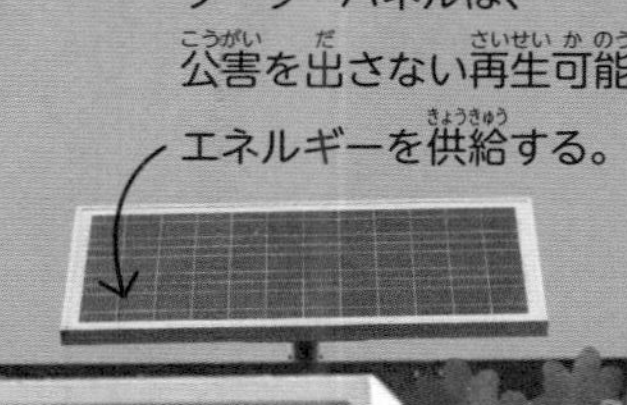

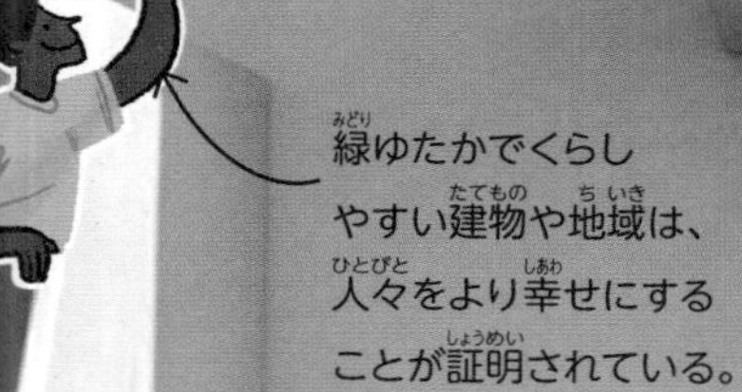

グリーンビルディング
「グリーンビルディング」とよばれる環境にやさしい建物は、自然光にあふれ、省エネにすぐれ、夏にすずしく冬にあたたかい。
人が通ったときだけ明るくなる省エネの街灯
花やハーブは、灰色の都市の通りを明るくする。
木は酸素をふやし、大気汚染をへらし、生き物たちを守り、景観をよくする。
排気ガスを出す車の利用を制限する「低排出ゾーン」をもうけると、空気はもっときれいになる。きれいな空気をすうのは、健康にもいい。
自転車を楽しむ
自転車レーンがあれば、もっと多くの人が自転車を利用するようになる。
低排出ゾーン
ペットを飼うと、近所の人と話しやすくなる。おしゃべりはコミュニティづくりにも役立つ。
空気がきれいだと、外へ出て運動するのがもっと楽しくなる。

気候変動

地球の温度は、危険なレベルにまで上昇している。原因は、まさに人間のくらしだ。だったら、どうすればいい？

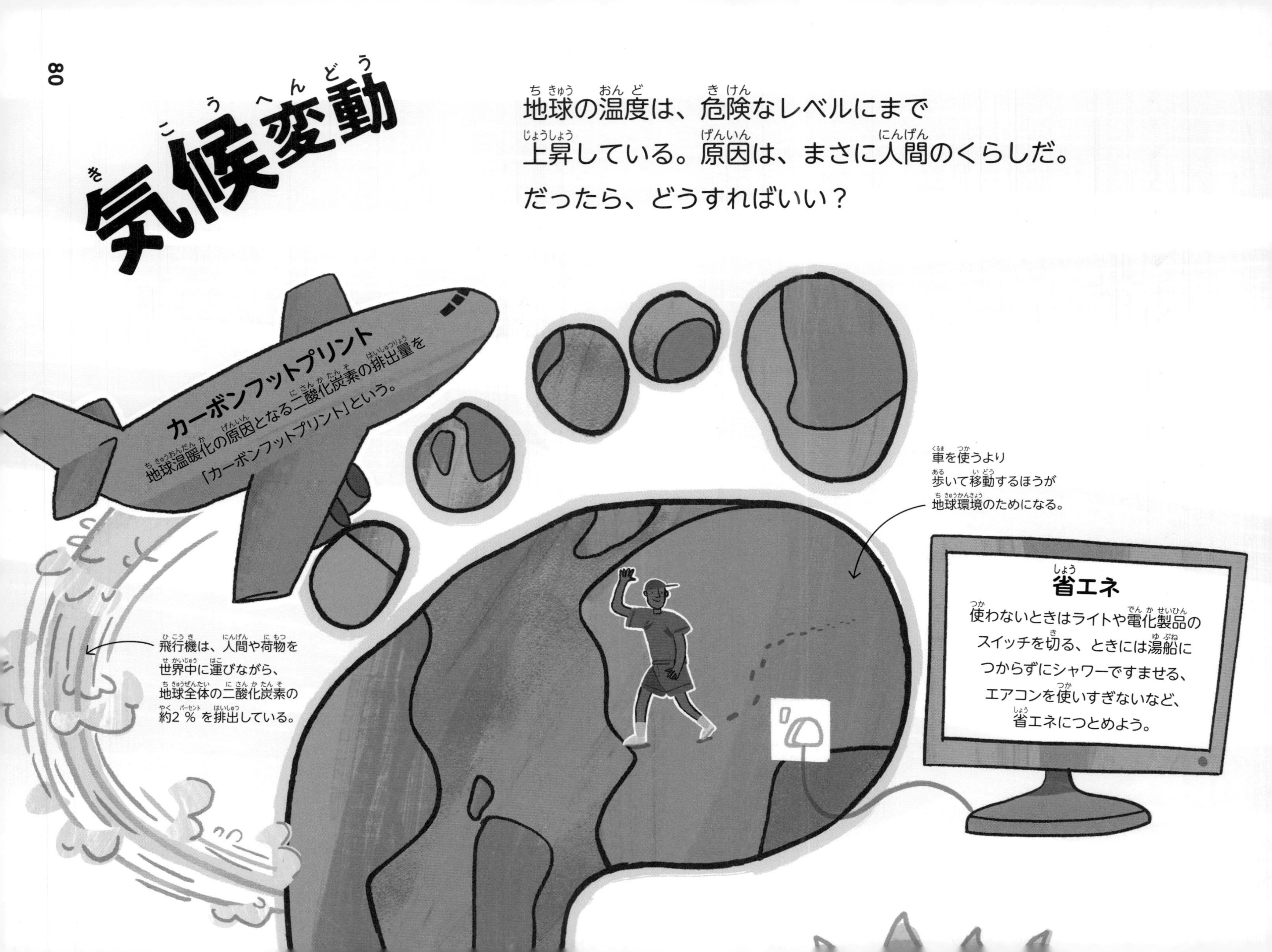

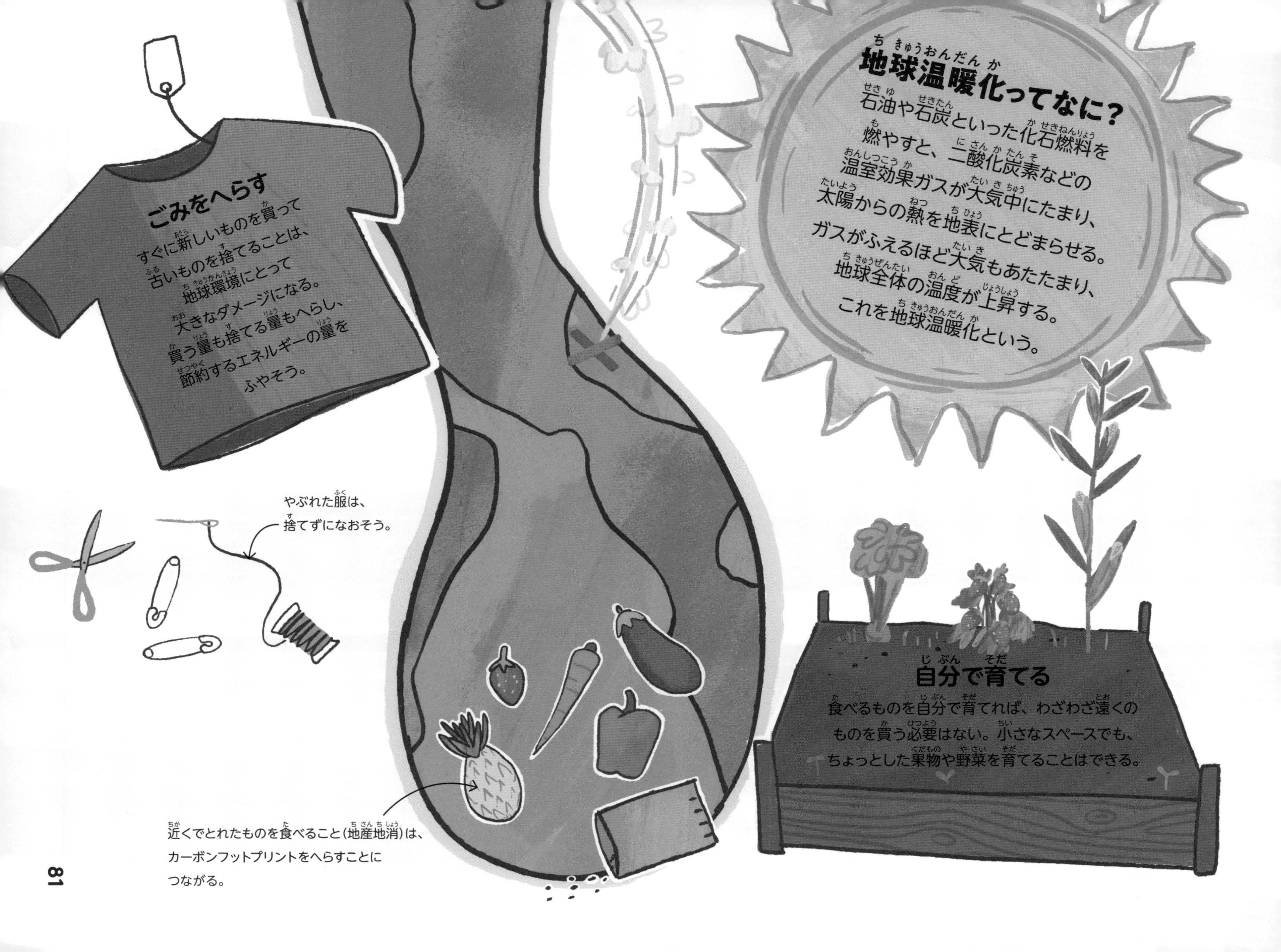

地球温暖化ってなに？
石油や石炭といった化石燃料を
燃やすと、二酸化炭素などの
温室効果ガスが大気中にたまり、
太陽からの熱を地表にとどまらせる。
ガスがふえるほど大気もあたたまり、
地球全体の温度が上昇する。
これを地球温暖化という。
ごみをへらす
すぐに新しいものを買って
古いものを捨てることは、
地球環境にとって
大きなダメージになる。
買う量も捨てる量もへらし、
節約するエネルギーの量を
ふやそう。
やぶれた服は、
捨てずになおそう。
近くでとれたものを食べること（地産地消）は、
カーボンフットプリントをへらすことに
つながる。
自分で育てる
食べるものを自分で育てれば、わざわざ遠くの
ものを買う必要はない。小さなスペースでも、
ちょっとした果物や野菜を育てることはできる。

環境を守った英雄たち

毎年この日に、自然の力や美しさが世界中でたたえられる。

自然を守る

「わたしたちをとりまく世界の驚異や現実にしっかり目をむければむけるほど、破壊しようとは思わなくなるでしょう」

地球をたたえる

「自然界は、最大の感動の源だ。この世を生きる価値のあるものにしてくれる、多くのものの源なのだ」

レイチェル・カーソン

海洋生物学者のカーソンが1962年に発表した『沈黙の春』は、化学殺虫剤の危険性を知らしめ、アメリカ環境保護庁が設立されるきっかけとなった。

デイビッド・アッテンボロー

イギリスのアッテンボローは、『ブループラネット』などの人気テレビ番組を通じて、おおぜいの人に自然をよりたいせつにする気持ちを起こさせた。

環境活動家は、地球を守ることのたいせつさをみんなに教えてくれる。たったひとりでも、大きな変化を起こすことができる。

土地を守る

シコ・メンデス

メンデスはたのもしい地域のまとめ役だった。ゴム農園の労働者たちを率いて団結し、ブラジルの熱帯雨林を破壊から守った。

変化を生みだす

「まわりの人をやる気にさせなければ、環境を守ることはできません。環境が自分のものであることを理解させる必要があるのです」

バンダナ・シバ

インドの科学者のシバは、自ら立ちあげた企画を通し、有機農法をうながすと同時に、単一作物の植えつけより土にいいとされる、多種多様な作物の栽培をすすめた。

ワンガリ・マータイ

マータイは、ケニアの女性の生活を植林で改善する「グリーンベルト運動」をはじめ、キャンペーン全体で5,100万本以上の木を植えた。また、環境を守る国際語として日本語の「モッタイナイ」を世界に広めた。

ジュリア・バタフライ・ヒル

ヒルは、カリフォルニア州の森林伐採業者に木を切るのをやめさせようと、樹齢1500歳のアメリカスギの上で2年以上もくらした。

プラスチック問題

今や海は、みんなが捨てた
プラスチックごみのたまり場に
なっている。プラスチックは
海をよごすだけでなく、
それを食べた海の生き物に
害をあたえる。

買う前に、なにでできている商品かを**調べよう。**

ストローは、プラスチックではなく紙のものを**使おう。**

小さな容器から
大型の収納ケースまで、
プラスチックは100年以上に
わたり、ありとあらゆるものに
使われてきた。環境に長く残るプラチックの
ごみは、大きな問題を生みだしている。

バイバイ、レジぶくろ

インドネシアのバリ島に住むメラティとイザベルの姉妹は、「バイバイ、レジぶくろ」運動を立ちあげ、バリ島でのレジぶくろ使用を禁止にみちびいた。

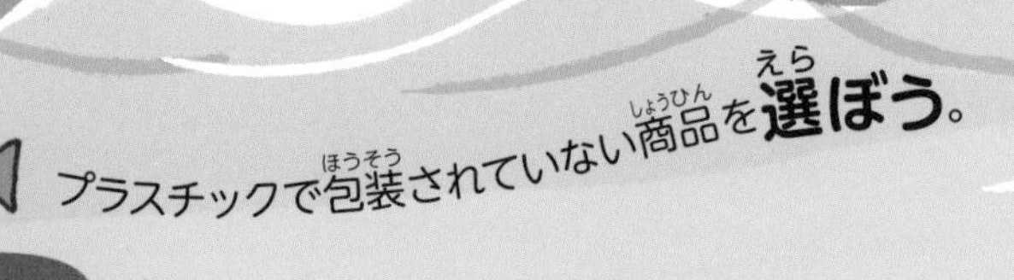

自分にできることは？

ひとりひとりの毎日の選択が大きなちがいを生む。プラスチックを使っていない商品を選び、できるだけリサイクルしよう。ひとりではむずかしい問題も、みんなといっしょならきっと解決できる！

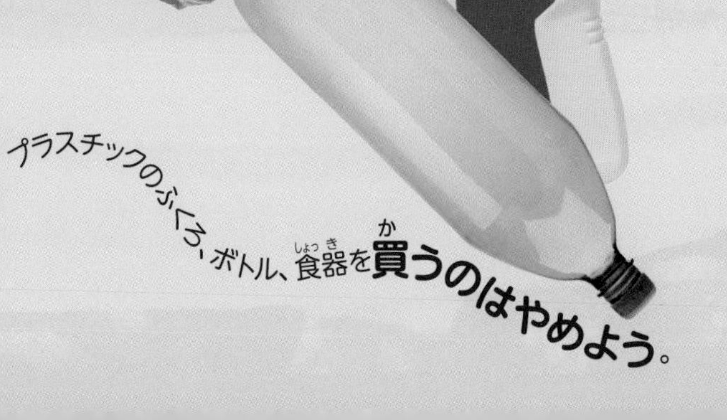

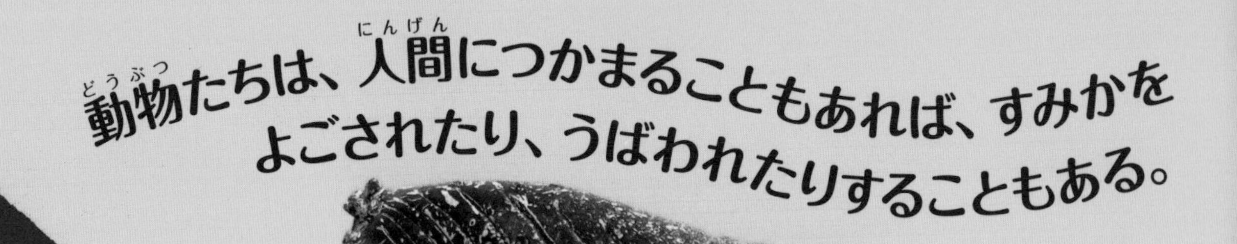

動物たちは、人間につかまることもあれば、すみかをよごされたり、うばわれたりすることもある。

保護に成功した動物たち

人間のくらしは地球環境を変え、野生動物のすみかをうばってきた。
自然保護活動家たちは、野生動物とそのすみかを守る活動をしている。
ここでは、絶滅の危機から救われた動物たちを紹介しよう。

ジャイアントパンダ
中国では、密猟(不法につかまえること)をとりしまったり、保護区をつくったりすることで、ジャイアントパンダを絶滅の危機から救った。

タマリン
1980年代にはじまった自然保護活動によって、ゴールデンライオンタマリンの数は、たったの200ぴきから1,000びき以上にふえた。

クジラを救え

一般市民の大規模な運動により、1986年、商業目的でクジラをつかまえることが多くの国で禁止された。

チョウゲンボウ

モーリシャス島にしか存在しないモーリシャスチョウゲンボウは、めったに見られなくなっていたが、今では数が増加している。

シマホンセイインコ

シマホンセイインコもモーリシャス島にしか存在しない鳥で、一時期はたった10〜12羽だったのが、500羽をこえるほどになった。

ザトウクジラ

複雑な歌をうたうことで知られるザトウクジラは、1万頭までへったことで絶滅が心配されたが、今では8万頭になっている。

ゾウガメ

貴重なガラパゴスゾウガメは、2,000びき近くが人工飼育され、野生にもどされている。

保護する人たち

パークレンジャー

自然保護区で働くパークレンジャーは、象牙などを売ろうとする密猟者から命がけで絶滅危惧種の動物を守っている。

先住民

土地と強い結びつきをもつ先住民は、動物の保護に一役買っている。ラップランドのトナカイ遊牧民であるサーミの人々は、たいせつな放牧地をおびやかす土地の採掘に反対している。

さあ、失敗をおそれずに、
世界をよりよくするための旅を
はじめよう。だいじなのは、
変化を起こす努力をつづけることだ。
若いきみにも物事を変える力がある。
これからつくる未来は、
きみの声にかかっている。

もっと知るために

活動に必要な情報やアイディアをもっと知りたいときは、
ここで紹介する団体やウェブサイトを参考にしよう。

子ども情報ステーション
https://kidsinfost.net/kids/
NPO法人「ぷるすあるは」が運営する、主に病気の親や家族がいる子どものためのサイト。ヤングケアラー向けの情報もあり。

チャイルドライン
https://childline.or.jp/
18歳までの子どものための相談先。「子どもの権利条約」の理念をたいせつに、フリーダイヤルでどんな悩みも受けつけている。

まちライブラリー
https://machi-library.org/
本を持ちよって町のあちこちに小さな図書館をつくろうというプロジェクト。サイトから全国のまちライブラリーが検索できる。

セーブ・ザ・チルドレン
https://www.savechildren.or.jp/
100年の歴史を持つ、子ども支援専門の国際NGO。子どもにとって世界をよりよく安全にすることをめざしている。

日本ユニセフ協会
https://www.unicef.or.jp/
ユニセフ(国連児童基金)の日本における国内委員会で、子どもの命や健康を守る活動をしている。サイトで「子どもの権利条約」が読める。

アムネスティ・インターナショナル
https://www.amnesty.or.jp/
世界最大の国際人権NGO。自由と尊厳が平等に守られる世界をめざし、人権侵害の調査や各国政府への提言をおこなっている。

国境なき子どもたち
https://knk.or.jp/
「国境を越えてすべての子どもに教育と友情を」をかかげて活動する国際協力NGO。子どもが参加する「友情のレポーター」制度などがある。

シャンティ国際ボランティア会
https://sva.or.jp/
アジアで子どもたちへの教育支援や緊急救援をおこなうNGO。図書館活動や学校建設、「絵本を届ける運動」などにとりくんでいる。

＊ NGO（非政府組織）：Non governmental Organization の略称
＊ NPO（非営利組織）：Non Profit Organization の略称

FoE Japan

https://www.foejapan.org/

Friends of the Earth Internationalのメンバー団体として、環境を守る活動をおこない、重要な環境問題を人々に伝えている国際環境NGO。

グリーンピース

https://www.greenpeace.org/japan/

環境保護と平和を願う市民の立場で活動する国際環境NGO。環境問題の専門家として各国政府へのアドバイスや提言をおこなっている。

W　W F(世界自然保護基金)

https://www.wwf.or.jp/

約100か国で活動している環境保全団体。「地球温暖化をふせぐ」「野生生物を守る」「森や海を守る」などを柱に活動している。

Fridays For Future Japan
未来のための金曜日

https://fridaysforfuture.jp/

グレタ・トゥーンベリのすわりこみをきっかけにはじまった、気候変動対策を求める運動。日本でも2019年から学生を中心に広がっている。

こどもプラザ
楽しく学ぼう！ 地球温暖化

https://www.jccca.org/kids/

J CCCA(全国地球温暖化防止活動推進センター)が運営する子ども向けサイト。絵本やゲームで地球温暖化について楽しく学べる。

こども環境省

https://www.env.go.jp/kids/

環境省が運営する子ども向けサイト。環境省の役割や取り組みについてわかりやすく紹介している。

環境リサイクル学習

小学生向け

http://www.cjc.or.jp/j-school/

中学生・高校生向け

http://www.cjc.or.jp/school/

資源・リサイクル促進センターが運営する、リサイクルについて学べるサイト。

今、知っておきたい
海洋ごみの事情

https://uminohi.jp/kaiyougomi/

「海と日本PROJECT」が運営する、海洋ごみについてのサイト。ごみ拾いイベントや学習動画も紹介している。

用語集

SDGs(持続可能な開発目標)
だれひとり、とりのこされることなく、人類が安定してこの地球でくらしつづけることができるよう、貧困、健康、平等、環境など、世界のさまざまな問題を17項目に整理し、解決にむけて具体的な目標をしめしたもの。2015年に国際連合(国連)で採択され、2030年までに達成しようと国際社会で合意した。

コラージュ　p22
あるイメージを表現するために、さまざまな素材を集めて、はりつけること。または、はりつけたもの。

ヤングケアラー　p29
大人にかわって介護や家族の世話にあたる、18歳未満の子どもや若者のこと。やっと日本でも注目され、支援されるようになってきた。

ビフレンディング　p29
ビフレンディングは「Be+friend+ing」(友だちになる=寄り添い・支える存在になる)から生まれた言葉。アドバイスや励ましをあたえるのではなく、友だちのように、そばにいて話を聞くという寄り添いをする活動。

死者の日　p32
ラテンアメリカの国々で、11月1日前後におこなわれる宗教行事。亡くなった人のたましいが家族のもとにもどってくる日とされ、カラフルな花やドクロ、故人の好きだったものなどで墓や祭壇をかざる。

ウィメンズマーチ2017　p34
2017年1月21日に全米500か所以上の場所で300万人以上が参加したデモ行進。前日に就任したトランプ大統領が以前より女性差別発言をしていたことに抗議する女性中心の運動だったが、トランスジェンダーや移民の人権保護、地球環境保護、人種差別撤廃などをかかげて多種多様な人が参加し、世界へも広がった。

銃規制　p35
アメリカでは合衆国憲法で銃の所持がみとめられているが、近年は乱射事件が多く、問題になっている。2018年2月にマージョリー・ストーンマン・ダグラス高校で銃乱射事件が起きると、生徒たちが銃規制をうったえ、デモ行進が全米に広がった。

世界人権デー　p40
世界人権宣言が1948年12月10日の第3回国連総会で採択されたことを記念して、毎年12月10日を世界人権デーとすることが決められた。

気候変動　p40、p80など
自然に、あるいは人間のくらしがきっかけとなり、世界各地の気温や降水量、天候などが変化すること。

国連ユース集会　p40
2004年からニューヨークの国連本部で毎年開催される、16歳から28歳までの若者が世界各国から参加する会合。平和や環境問題などについて話しあう。

欧州議会　p40
EU(欧州連合)加盟各国から選出された議員によって構成される議会。EUの政策について話しあう。

気候のための学校ストライキ　p40
学校へ行くことを拒否して気候変動対策への抗議をしめす、グレタ・トゥーンベリがはじめた学生運動。

ユニセフ親善大使　p41
ユニセフの活動を伝え、支援をうったえ、人々の関心を高めるために活動する人。芸能・文化・スポーツなどの世界で活躍してきた人がその名声を生かし、ボランティアとして協力している。

リサイクル　p43、p85など
使いおわったものをもう一度資源にもどし、再利用すること。リサイクルをするためには多くのエネルギーが必要となるため、ゴミを出さない「リデュース」、使えるものはくりかえし使う「リユース」も同時に進めることがたいせつ。

世界人権宣言　p45
すべての人間は生まれながらに基本的人権をもっているということを、はじめて公式にみとめた宣言。国連人権委員会の委員長だったエレノア・ローズベルトが中心となって宣言の文言をまとめ、1948年12月10日の国連総会で採択された。

人権(基本的人権)　p45、p59など
ひとりひとりが生まれながらにもっている「人間らしく生きる」権利。人として平等で、自由に幸福を追求することができる権利。ほかの人の自由をさまたげる権利はないことも意味する。

公民権　p49、p58など
市民として政治に参加する権利。参政権、選挙権、被選挙権など。アメリカでは、黒人が人種差別の解消や法の下の平等、市民としての自由と権利を求め、1950年代後半から公民権運動を活発化させた。

ベジタリアン　p50
アレルギーや病気といった健康上の理由、自身の信念、環境への配慮などにより、肉や魚などの動物性食品を食べない人のこと。菜食主義者。

子どもの権利条約
(児童の権利に関する条約)　p54
子どもの生きる権利、育つ権利、守られる権利、参加する権利を保障する、世界でもっとも受けいれられている人権条約。1989年に国連総会で採択され、2019年の時点で196の国と地域が締結している。

性同一性　p56
生まれたときの性別(身体の性)と自分自身が認識している性別(心の性・性自認)が一致していること。これらが一致しない状態を「性同一性障害」とよぶが、障害ではなく、"性の多様性の一部"として理解されつつある。

性的指向　p56
好きになる人の性別がどれであるかということ。異性であったり、同性であったり、両方であったり、どちらの性にも興味がなかったりと、人によってさまざま。

多様性　p57
いろいろな種類や傾向のものがあること。変化に富むこと。

バリアフリー　p57
さまざまな人が生活する上で、不便に感じることや障害になるもの（バリア）をなくす（フリーにする）こと。道路や建物に存在する物理的なバリアもあれば、制度、文化、情報、意識などの面でのバリアもある。

強制結婚　p58
自分の意思に反しておこなわれる結婚。家計を助けるために子ども（とくに女子）が強制的に結婚させられることが多い。SDGsの中でもその撤廃が求められている。

ブラック・ライブズ・マター(BLM)運動　p58
「Black Lives Matter（黒人の命はだいじ）」をスローガンにした、黒人に対する暴力的な人種差別への抗議運動。2020年5月に白人警察官が無抵抗の黒人をおさえつけて死亡させたことで、この運動が大きく広がった。

人種差別　p59、p65
人種のちがいを理由に他人に否定的な態度をとること。

女性参政権　p64
女性が政治に参加する権利。政治家を投票で選ぶ選挙権や、政治家に立候補する被選挙権などをふくむ。

ブラック・パワー・サリュート　p65
アメリカの公民権運動で黒人たちがおこなった、こぶしを高くかかげて黒人差別への抗議をうったえる行為。

先住民（先住民族）　p65、p87
ある土地に元来住みついていた人々。植民地政策や同化政策によって、自らの社会や土地、固有の言葉や文化などを否定され、うばわれていることが多い。2007年には、国連で「先住民族の権利に関する国連宣言」が出された。

動物実験　p74
医療技術、薬品、化粧品や食品添加物などにおいて、ヒトに対する安全性や有効性、危険性をたしかめるため、動物を用いて実験すること。

パーム油　p75
世界で一番多く使われている植物油。マーガリンやポテトチップスなどの加工食品に多くふくまれるほか、洗剤やシャンプー、バイオマス燃料にも利用されている。原料がアブラヤシのため熱帯雨林の破壊が問題になっているが、生産者、企業、環境NGOが参加する、環境に配慮した生産と利用をめざす活動も広がっている。

熱帯雨林　p75、p83など
年間を通じて温暖で雨の量が多い地域に見られる森林。地球上の野生生物種の約半数が生息するともいわれる「種の宝庫」。熱帯雨林が減少すると「生物多様性」が失われ、地球全体の環境に悪影響を及ぼす。

有機農法（オーガニック）　p75、p83
科学的に合成された農薬や肥料を使用せず、遺伝子組み換え技術を利用しないことを基本とし、環境への負荷をできるかぎり少なくする栽培方法。

温室効果ガス　p76、p81など
大気中にふくまれる気体で、地球から熱が出ていくのをふせぎ、温室のように地表をあたためる。二酸化炭素やメタン、フロンガスなど。

ビーガン　p77
ベジタリアンの一種。肉や魚だけでなく、卵、はちみつ、乳製品、ゼラチンなどの動物由来の食材も口にしない完全菜食主義者。

公害　p78
工業の発展から環境を汚染し、人々の健康や生活を損ない、悪影響を及ぼすこと。大気汚染、水質汚染、土壌汚染、地盤沈下、悪臭など。

再生可能エネルギー　p78
使ってもなくならない自然の力を利用したエネルギー。風力・水力・太陽光・地熱など。

カーボンフットプリント　p80
個人の生活や企業の生産活動にともなって発生する温室効果ガスの排出量を二酸化炭素に換算したもの。この数値が大きいほど、環境にあたえる負荷が大きい。

化石燃料　p81
昔の地質時代の動物や微生物、植物などが地中にうもれ変化してできた石油や石炭、天然ガスなどの燃料のこと。量に限りがあるうえに、燃やすと二酸化炭素を排出し、地球温暖化を進める原因となる。

さくいん

人物さくいん

謝辞（しゃじ）

The author would like to thank First News and Nicky Cox MBE for their support. **DK** would like to thank the following: Lizzie Davey and Abigail Luscombe for additional editorial help, Jaileen Kaur for coordinating the hi-res images, Polly Goodman for proofreading, Helen Peters for the index, and Tony Stevens of Disability Rights UK and Sherese Jackson for their comments on the book.

Quote attribution and references:
pp34-35 Greta Thunberg: "You are never too small to make a difference." Speaking at COP24 December 2019. **pp40-41** Millie Bobby Brown: "I will speak out for millions of children and young people …" Speaking at a press conference on being announced as UNICEF's youngest-ever goodwill ambassador on World Children's day, November 2018. **pp48-49** Rosa Parks: "I believe we are here on planet Earth to…" From Life Magazine, "The Meaning of Life" feature, December 1988. **p61** "Save the porcupines!" text written using information from the WWF. **pp72-73** Xiuhtezcatl Martinez: "My dad taught me…" From his interview with The Guardian, May 2018. **pp82-83** Rachel Carson: "The more clearly we can focus our attention on the wonders and realities…" From her book, Silent Spring, 1962. Sir David Attenborough: "The natural world is the greatest source of excitement…" From the BBC website. Wangari Maathai: "You cannot protect the environment unless you empower people…" Said on her website "The Green Belt movement".

The publisher would like to thank the following for their kind permission to reproduce their photographs:

(Key: a-above; b-below/bottom; c-centre; f-far; l-left; r-right; t-top)

6-7 naturepl.com: Guy Edwardes (Background). **8-9 Depositphotos Inc:** Artkamalov (Background). **12 Dreamstime.com:** Katarzyna Bialasiewicz (c). **13 Dorling Kindersley:** Pedal Pedlar (ca). **14-15 Dreamstime.com:** Tommason. **15 Dorling Kindersley:** The Real Aeroplane Company (tr). **22 Dorling Kindersley:** Steve Lyne (br). **Fotolia:** Eric Isselee (bl). **23 Alamy Stock Photo:** FogStock (tr). **Dorling Kindersley:** ha London (tl). **Rex by Shutterstock:** Todd Williamson / January Images / Shutterstock (clb). **24-25 123RF.com:** Vassiliy Prikhodko (Background). **26-27 Depositphotos Inc:** Artkamalov (Background). **28 Dreamstime.com:** Monkey Business Images (bc); Pressmaster (clb). **29 Alamy Stock Photo:** BSIP SA (c). **32-33 Dreamstime.com:** Dmitry Zimin (c). **32 Alamy Stock Photo:** Age Fotostock (cla); Asia (tl). **33 Alamy Stock Photo:** Age Fotostock (br). **Dorling Kindersley:** Frome & District Agricultural Society (tr); National Music Museum (cla). **Dreamstime.com:** Jill Battaglia (tc). **34 Alamy Stock Photo:** JG Photography (ca); MediaPunch Inc (clb). **Getty Images:** Joe Raedle / Staff (tr). **35 Alamy Stock Photo:** Daniel Bockwoldt / DPA (ca). **Getty Images:** NurPhoto (crb). **36 Alamy Stock Photo:** ZUMA Press Inc. (cb). **Dreamstime.com:** Deyangeorgiev (cla); Anthony Aneese Totah Jr (br); Igor Zakharevich (bc, bl). **37 Alamy Stock Photo:** Jeffrey Isaac Greenberg 3 (c); Paramvir Singh (Background). **40 Getty Images:** John van Hasselt - Corbis (br); Fairfax Media (bl). **41 Getty Images:** Emma McIntyre / KCA2018 (bl); The Washington Post (cr). **Rex by Shutterstock:** Ken McKay / ITV / Shutterstock (br). **42 Alamy Stock Photo:** David Litschel (cr); Rosanne Tackaberry / Little Free Library® is a registered trademark of Little Free Library, LTD, a 501(c)(3) nonprofit organization. (bl); Mark Summerfield (crb). **43 Alamy Stock Photo:** Felix Choo / Little Free Library® is a registered trademark of Little Free Library, LTD, a 501(c)(3) nonprofit organization. (bl); Mark Summerfield (cla); Jim West (tr); Philip Game (cr). **45 Alamy Stock Photo:** RGB Ventures / SuperStock (br). **Getty Images:** Georges De Keerle (cr); Francis Miller / The LIFE Picture Collection (crb). **46-47 Depositphotos Inc:** Artkamalov (Background). **53 Dreamstime.com:** Betelgejze (t); Marish (b). **55 Dreamstime.com:** Elnur (c); Wavebreakmedia Ltd. (bl). **56-57 Dreamstime.com:** Mishoo (Background). **58 Alamy Stock Photo:** ZUMA Press, Inc. (ca). **Getty Images:** Joe Raedle (cla); Randy Shropshire / WireImage (tr). **59 Alamy Stock Photo:** Archive PL (ca). **Getty Images:** Lynn Goldsmith / Corbis Premium Historical (crb); Hulton Archive / Archive Photos (cl); Marina Bay Sands (cra). **61 Alamy Stock Photo:** WENN Rights Ltd (cra). **Dreamstime.com:** Scol22 (tr, br/Frame). **WWF-Turkey:** Esra Turam, Education Programme Manager (br). **64 Getty Images:** Bettmann (bl); Rühe / ullstein bild (bc). **65 Alamy Stock Photo:** The History Collection (cra). **Getty Images:** Mike Powell (cr); Steve Schapiro (bl); San Jose Mercury News (br). **66-67 Getty Images:** Saeed Khan / AFP (t). **68 Dreamstime.com:** Alexlmx (tr); Paul Hakimata / Phakimata (bc); Vladimirs Prusakovs (bc/Chicken). **Fotolia:** Anatoliy Babiy / bloomua (b). **69 Dreamstime.com:** Axstokes (br); Vladimirs Prusakovs (c/Chicken., br/Chicken); Natthawut Nungensanthia (clb/Chicken). **NASA:** (clb); NASA / JPL-Caltech / Space Science Institute (c). **70-71 Depositphotos Inc:** Artkamalov (Background). **72-73 NASA:** MSFC / Bill Cooke (Background); Ocean Biology Processing Group at NASA' s Goddard Space Flight Center (bc). **74 123RF.com:** peterwaters (clb/Bee). **Dreamstime.com:** Alle (clb); Nilanjan Bhattacharya (br). **Getty Images:** Stockbyte / John Foxx (cla). **75 123RF.com:** Sergey Mironov / supernam (br). **Dreamstime.com:** Eric Isselee (cla); Theo Malings (cra); Photka (bc). **76 Alamy Stock Photo:** Jon Ongkiehong (c). **77 Alamy Stock Photo:** Jon Ongkiehong (c). **Dorling Kindersley:** Geoff Dann / Cotswold Farm Park, Gloucestershire (t/cow and calf). **Dreamstime.com:** Mike_kiev (t/cow); Supertrooper (t). **78 Dorling Kindersley:** Natural History Museum, London (ca/Box). **Dreamstime.com:** EmeraldUmbrellaStudio (ca); Mikael Damkier / Mikdam (cla). **78-79 Alamy Stock Photo:** Kim Petersen (t). **82 Alamy Stock Photo:** Jeff Gilbert (br). **Getty Images:** CBS (bl). **83 Getty Images:** AFP Contributor (bl); Antonio Scorza (cra); Amanda Edwards (crb); Andrew Lichtenstein / Sygma (br). **84 123RF.com:** Tatiana Popova / violin (cb/car); Aleksey Poprugin (crb, cb). **85 123RF.com:** Aleksey Poprugin (clb, cb). **Bye Bye Plastic Bags:** Andrew Wyton / Zissou / Karen Hoogland (tr). **Dreamstime.com:** Indigolotos (cb/bottle); Alfio Scisetti / Scisettialfio (crb); Penchan Pumila / Gamjai (cl, bl). **86-87 Dreamstime.com:** Paul Wolf / Paulwolf (c). **86 Dorling Kindersley:** Andrew Beckett (Illustration Ltd) (br). **Fotolia:** Eric Isselee (crb). **87 123RF.com:** Smileus (clb). **Alamy Stock Photo:** Nature Picture Library (tr); Xinhua (crb). **Dreamstime.com:** Erix2005 (bc). **naturepl.com:** Mark Carwardine (cra). **88-89 naturepl.com:** Wild Wonders of Europe / Bartocha (Background). **89 Dorling Kindersley:** Pedal Pedlar (bc). **92-93 Depositphotos Inc:** Artkamalov (Background). **94-95 Depositphotos Inc:** Artkamalov (Background). **96 Depositphotos Inc:** Artkamalov (Background)